AF509848

6708 Concernant la voie de ...

CHEMIN DE FER DE L'OUEST.

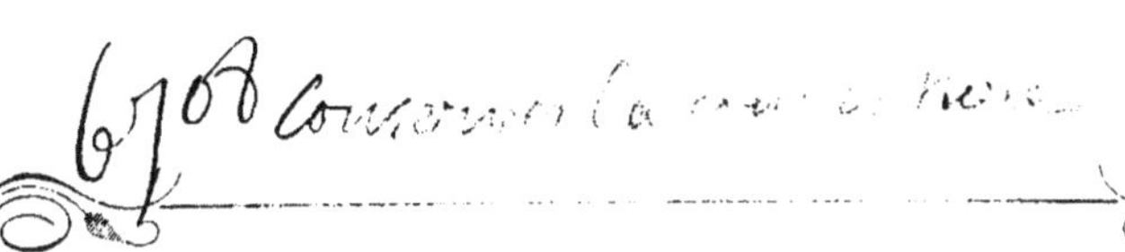

NOTICE

SUR LA STATION

DE

MAINTENON

Par A. MOUTIÉ,

Correspondant du Ministère de l'Instruction publique,
de la Société des Antiquaires de France, de la Société des sciences morales,
Lettres et Arts de Versailles, Membre de la Société Archéologique
de Rambouillet, etc., etc.

PARIS

CHEZ PAUL DUPONT, LIBRAIRE, ÉDITEUR,

RUE DE GRENELLE-SAINT-HONORÉ, 55,

ET DANS LES PRINCIPALES STATIONS DU CHEMIN DE FER DE L'OUEST.

—

1850.

Dess. d'apres nat. et Lith. par A. Maugendre.
Paris. Imp. par Auguste Bry, r. de Bac.

STATION

DE MAINTENON.

R. F.

Morville, Hanches, Château et Aqueduc de Maintenon.

Huit kilomètres seulement séparent la station d'Epernon de celle de Maintenon. Pendant ce trajet, on parcourt dans toute sa longueur la forte commune de Hanches. C'est d'abord le moulin à eau de Vinerville, situé au pied d'une butte rapide dont l'écho célèbre répète jusqu'à sept fois le cri qu'on lui jette en passant. Vient ensuite le hameau du Pâtis de Hanches, puis l'emplacement où s'élevait naguère le gracieux château de Morville, dont les constructions principales remontaient au commencement du dix-septième siècle. Il avait été possédé par Joseph-Jean-Baptiste Fleuriau, seigneur d'Armenonville, de Houx et de Hanches, garde des sceaux à la fin du règne de Louis XIV. En 1728, Morville passa dans les mains d'Alexandre Nicolas de la Rochefoucauld qui avait épousé Jeanne-Thérèse Fleuriau, fille du précédent seigneur. Depuis quelques années, la *Bande-Noire* s'est abattue sur ce château qu'elle a démoli : elle a aussi dépecé son parc de quarante arpents, planté sur les dessins de Le Nôtre et renfermant des canaux alimentés par la rivière de Guesle. On laisse sur la droite le vieux clocher et le village de Hanches qui pourrait, au besoin, présenter une longue série des noms de ses anciens seigneurs féodaux, mais qui n'a aujourd'hui d'autre renommée que celle des excellents navets récoltés sur son territoire. A partir de ce point, le profond encaissement de la voie dérobe parfois à la vue la plaine monotone et sans intérêt qui s'étend à droite et à gauche.

Mais en s'arrêtant à la station de Maintenon, le voyageur est amplement dédommagé : la nature et l'art semblent s'être réunis en cet endroit pour flatter son œil et réveiller son imagination. Au fond de cette large et fertile vallée, où viennent se réunir les eaux de la Voise et de l'Eure, s'étendent de vertes prairies encadrées de longs rideaux de peupliers, dont les lignes sont çà et là interrompues par les ombreuses futaies et les hautes avenues du parc de Maintenon. C'est à la naissance de cette vallée que la voie de fer, par une profonde tranchée, coupe à angle aigu l'énorme môle de l'aqueduc commencé par Louis XIV, un peu au-dessus du point où s'ouvrent les gigantesques arcades du colossal monument. Plus bas s'élèvent, solides et légères, les trente-deux arcades qui supportent le viaduc nouveau sur lequel la rapide locomotive entraîne dans sa course aérienne les voyageurs et les marchandises. Ces deux magnifiques ouvrages semblent être en présence, non-seulement pour rivaliser de hardiesse et de solidité, mais encore pour offrir un contraste éclatant entre un siècle présent et un siècle passé; l'un attestera à jamais la grandeur fastueuse d'un monarque absolu ; l'autre montrera ce que le génie du plus grand peuple du monde a pu faire pour l'utilité publique.

Quittons la station, passons sous l'une des arcades rompues de l'aqueduc, auquel nous reviendrons bientôt ; et, par le riant chemin qui s'ouvre devant nous, gagnons la jolie petite ville de Maintenon, chef-lieu de canton de l'arrondissement de Chartres.

Maintenon est bâti au fond d'une vallée fertile dans laquelle on rencontre des débris de toutes les époques historiques. Des monuments celtiques, des médailles, des mosaïques et des substructions antiques, découvertes sur plusieurs points de son territoire, attestent que ce lieu a été habité dès l'époque la plus reculée. Cependant, les plus anciens documents écrits que nous possédions sur ce pays ne remontent pas au delà du douzième siècle.

Avant l'année 1180, Jean de Maintenon et Agnès sa femme donnèrent aux moines des Moulineaux, de l'ordre de Grandmont, douze deniers de cens annuel qu'ils avaient sur une vigne sise à Epernon. Simon III, comte d'Evreux ; Simon IV, seigneur de Monfort, son fils, et Simon de Maintenon, le frère ou le parent du donateur, furent les témoins de cette pieuse aumône (1).

Deux anciens actes sont conservés aux archives du château de Maintenon. Le premier est de l'an 1200, et porte : « Donation faite par Amaury, seigneur de Maintenon, de « l'église Sainte-Marie de Maintenon, située au dedans des « murs du château, avec la terre qui en dépend, à Dieu, à « saint Martin de Marmoutier, et aux religieux dudit monastère, pour y faire bâtir des cellules, y établir leur « verger, etc...... Le second, en date de 1223, est une « reconaissance pour les seigneurs de Maintenon, du « droit de fours, moulins et pressoirs bannaux. » Un quatrième acte original, encore muni du scel d'armes du

____

(1) Charte originale des archives du domaine de Rambouillet.

sire de Maintenon et conservé aux archives de Seine-et-Oise (Vaux-de-Cernay), est celui du mois de mars 1226, par lequel Amaury, seigneur de Maintenon, accorde et garantit aux moines des Vaux-de-Cernay, la donation qu'Agathe, sa sœur, veuve de Baudouin de Gazeran et dame de la Hunière, vient de leur faire, du consentement de ses enfants, Simon, Jean et Amaury, de deux septiers de blé sur son douaire d'Ablis qui était dans la mouvance de ce même Amaury. On voit dans les hommages rendus, en 1290, à la comtesse Béatrix par les vassaux d'Epernon et de Saint-Léger, qu'Amaury de Maintenon était un *homme lige* du comte de Montfort. Un inventaire des titres du comte d'Ablis prouve que, durant les quatorzième et quinzième siècles, Maintenon était possédé par des Amaury, des Jean et des Simon qui paraissent tous appartenir à une seule et même famille. Enfin, l'aveu et dénombrement d'Epernon, fait en 1497 par Marie de Luxembourg, comtesse de Vendôme, porte : « Qu'Amaury Loresse, seigneur de Maintenon, deuxième vasseur, tient son dongeon de Maintenon, clos de fossés, ainsi comme il se poursuit et comporte......, » etc.

Nul doute donc pour nous que depuis son origine féodale, c'est-à-dire depuis la fin du dixième siècle, la terre de Maintenon n'ait été possédée par les héritiers directs de ses premiers seigneurs jusqu'à ce qu'en 1505 elle fut, par un arrêt du parlement, adjugée à Jean Cottereau, trésorier et surintendant des finances de France depuis Louis XI jusqu'à François Ier, comme créancier des anciens seigneurs. A dater de cette époque, il n'existe plus d'incertitude sur les divers propriétaires de la terre de Maintenon. Elle fut apportée en dot, avec la terre de Meslay-le-Vidâme, à Jacques d'Angennes, seigneur de Rambouillet, par Isabeau, fille de Jean Cottereau, le

13 février 1526. A la mort de Jacques d'Angennes,
arrivée en 1562, Maintenon échut à Louis d'Angennes,
son sixième fils, duquel il passa successivement à Charles,
à Louis et à Charles-François d'Angennes ; celui-ci le vendit
au chevalier marquis de Villeray, qui, peu de temps après,
en 1674, le vendit lui-même, moyennant la somme de
250,000 livres, à Françoise d'Aubigné, depuis marquise
de Maintenon.

« Je ne sais, écrivait madame de Maintenon à son frère,
« si des Rollines, qui est très-bien informé de tout ce que
« je fais, vous a mandé que j'ai acheté une terre, mais il ne
« sait peut-être pas que c'est Maintenon et que le marché
« en est fait à 250,000 livres. Elle est à quatorze lieues
« de Paris et à dix de Versailles, et à quatre de Chartres ;
« elle est belle, noble, et vaut de dix à onze mille livres
« de rente..... C'est un gros château au bout d'un grand
« bourg, une situation selon mon goût et à peu près
« comme Murçay, des prairies tout autour, et la rivière
« qui passe par les fossés. »

Peu de temps après, le 5 février 1675, elle écrivait à
Mme de Coulanges : « J'ai été deux jours à Maintenon, qui
« m'ont paru un moment. C'est une assez belle maison,
« un peu trop grande pour le train que j'y destine ;
« elle a de forts beaux droits, des bois où Mme de Sévigné
« rêverait à Mme de Grignan tout à son aise. Je voudrais
« pouvoir y demeurer, mais le temps n'est pas encore
« venu. »

La seigneurie de Maintenon avait été, dès 1594, érigée
en baronie, au profit de Louis d'Angennes, chevalier des
ordres du roi, conseiller d'Etat, grand maréchal des logis,
ambassadeur extraordinaire en Espagne, et capitaine de
cinquante hommes d'armes. C'est à tort que la plupart des
généalogistes donnent à ce gentilhomme le titre de mar-

quis de Maintenon, puisque cette baronie ne fut érigée en marquisat qu'en 1641, en faveur de Louis d'Angennes de Rochefort de Salverte, son petit-fils, qui fut bailli et capitaine de Chartres, et mourut en 1657. Enfin, Maintenon, augmenté de la terre et seigneurie de Grogneul, donnée par Louis XIV à Mme de Maintenon en compensation des dommages causés par la construction de l'aqueduc, fut, en 1688, érigé en marquisat-pairie, relevant directement de la couronne.

« Lorsque Mme de Maintenon maria Mlle d'Aubigné, sa
« nièce, au duc d'Ayen, fils du maréchal de Noailles, elle
« lui fit don de sa terre qui, depuis ce temps, est restée
« en possession de la maison de Noailles. Les ducs de
« Noailles l'avaient depuis fort agrandie, en y réunissant
« le comté de Nogent-le-Roi, le duché d'Épernon et plu-
« sieurs autres seigneuries environnantes (1). »

Le château est situé à l'extrémité de la ville, du côté de Chartres, au fond de la place principale dont il termine et embellit la perspective. Les réparations modernes, les changements successifs faits à ce gracieux édifice en ont modifié l'aspect, sans cependant lui faire perdre entièrement le caractère de son ancienne origine. Au premier abord, l'œil le moins exercé peut reconnaître ce qu'il y a de moderne dans l'ensemble de la construction, dont les différents styles d'architecture indiquent les diverses époques.

Le château formait d'abord une enceinte carrée flanquée d'une tour ronde à trois de ses angles, et au quatrième, d'une grosse tour carrée, encore munie de créneaux et de machicoulis. Le principal corps de logis occupait la face

---

(1) Duc de Noailles, *Notice historique sur le château de Maintenon.* Paris, 1829.

septentrionale; trois épaisses courtines devaient clore l'enceinte, relier les tours et protéger les bâtiments de service construits dans l'intérieur de la cour, et le tout était entouré de larges et profonds fossés qui existent encore. Tel devait être, selon nous, aux quatorzième et quinzième siècles, le manoir féodal qui avait remplacé le vieux donjon des premiers sires de Maintenon, décrit dans l'aveu de 1497 (1), que nous avons cité précédemment.

Au seizième siècle, Jean Cottereau reconstruisit en partie ce château, dont il conserva les tours gothiques; c'est à lui que l'on doit la jolie chapelle qui est à l'intérieur et dont les vitraux peints représentent diverses scènes de la Passion. Il fit faire les ornements qui embellissent la façade et décorent la porte de l'escalier. Ses armoiries, représentant des croissants et des lézards, sont sculptées en divers endroits, et notamment sur les deux tourelles en encorbellement qui surmontent la voûte de la porte principale, où l'on reconnaît les traces d'un ancien pont-levis. Les hautes cheminées qui font saillie sur les toits coniques des tours, les ouvertures dont celles-ci sont percées, le gros pavillon dans lequel s'ouvre la porte d'entrée, portent tous les caractères de la renaissance.

La courtine qui fermait la seconde cour au midi fut abattue pour la commodité de l'habitation. Madame de Maintenon fit construire l'aile de droite dans laquelle étaient ses appartements. L'aile de gauche, que l'on voit dans la première cour et qui relie le château à une église qui en dépendait, avec le titre de collégiale, est la partie la plus moderne. Elle fut construite par Louis XIV, qu'at-

---

(1) Quoiqu'il ait été fait en 1497, nous avons la preuve que cet aveu est littéralement copié, sauf les noms propres d'hommes, sur un aveu du treizième siècle.

tiraient souvent à Maintenon les travaux de l'aqueduc. On montre encore, dans le corps principal du château, la pièce qui était la chambre à coucher du grand roi, celle qui faisait son cabinet et la longue galerie dans laquelle il passait pour assister à la messe, dans une tribune ouverte dans l'église collégiale dont nous venons de parler.

Tel qu'il est aujourd'hui, avec ses tours gothiques, ses créneaux, ses machicoulis, ses toits aigus, ses murailles brunies par le temps et baignées par les eaux réunies de deux rivières, le château de Maintenon est non-seulement l'un des plus gracieux édifices du département d'Eure-et-Loir, mais encore celui qui rappelle les plus grands souvenirs historiques.

« Le nom de madame de Maintenon, dit M. le duc de « Noailles (1), suffit pour illustrer cet ancien château. On « ne visite pas sans intérêt la demeure d'une femme dont « le nom se rattache de si près à celui de Louis XIV, di- « gne d'être remarquée dans le siècle où tout fut grand et « qui donna au monde le spectacle, unique peut-être, d'a- « voir porté et conservé presque sur le trône les vertus de « sa première condition.

« Une fois qu'elle eut fait l'acquisition de cette terre, « quoique son séjour à la cour ne lui permît pas d'y faire « de longs établissements, elle y porta cet esprit d'ordre « qu'elle savait appliquer à tout ; elle y attira des ouvriers « flamands pour y établir des fabriques de dentelle ; elle « y appela des Normands qui travaillèrent en toilerie ; elle « y établit des écoles, des manufactures ; elle y fit recon- « struire des églises, fonda un hôpital, et fit tout le bien « qu'on pouvait attendre de ses nobles et vertueux senti- « ments (2). »

---

(1) Duc de Noailles, *Notice histor. sur le château de Maintenon*, p. 9.
(2) *Ibid.*, page 8.

Pendant la possession de madame de Maintenon, le château fut souvent visité par le roi et les princes de la famille royale. Quand le travail de l'aqueduc fut commencé, il devint même une des résidences passagères de la cour. Parmi les hôtes qu'il abrita, nous nous bornerons à mentionner Racine, qui y demeura un certain temps, lorsque madame de Maintenon le chargea de composer, pour les jeunes élèves de Saint-Cyr, les deux tragédies d'*Esther* et d'*Athalie*. Une des allées du parc, longeant le grand canal, qu'il semblait affectionner davantage et dans laquelle il se promenait souvent en composant ses beaux vers, a conservé le nom de ce grand poëte.

D'autres hôtes illustres devaient encore habiter le château de Maintenon et donner une nouvelle célébrité à ses antiques murailles : c'étaient Charles X et sa famille, quand les événements de 1830 les forcèrent à quitter Paris et à fuir du château de Rambouillet où ils résidaient depuis trois jours. Transcrivons ici quelques lignes de l'éloquent récit que M. le duc de Noailles a fait de ce mémorable événement :

« .... La nuit était calme et pure, la lune à
« demi voilée, et le silence n'était encore troublé que par
« les pas de deux régiments de cavalerie qui défilaient sur
« le pont de la ville, après lesquels défila aussi, sur le
« même pont, l'artillerie de la garde, mèche allumée.
« Cette marche guerrière et silencieuse, le bruit sourd
« des canons, l'aspect des noirs caissons, l'éclat de ces
« torches au milieu des ténèbres, présentaient l'image,
« hélas ! trop véritable, du convoi de la monarchie.

« A deux heures du matin, les premières voitures arri-
« vèrent, ensuite M. le dauphin et madame la dauphine,
« madame la duchesse de Berry, M. le duc de Bordeaux et
« mademoiselle, enfin, le roi et toute sa suite.......

« ... Le roi monta avec peine l'escalier qu'avait jadis
« monté Louis XIV, et il fut conduit dans l'appartement de
« madame de Maintenon , qu'on lui avait destiné; celui
« qu'avait occupé Louis XIV fait aujourd'hui partie de
« l'appartement public ; il y resta quelques moments avec
« sa famille,.... puis chacun des princes se retira chez lui.
» Le lendemain à dix heures, Charles X entendit la
« messe dans la chapelle du château..... Après la messe,
« le roi monta un instant dans sa chambre, et à onze heu-
« res le cortége se remit en route...... La fille de
« Louis XVI..... s'avança vers les gardes qui étaient ran-
« gés dans la cour, et leur présenta sa main qu'ils baisè-
« rent en versant des larmes ; ses propres yeux en étaient
« remplis, et elle répétait ces paroles d'une voix émue : —
« Ce n'est pas ma faute, mes amis, ce n'est pas ma faute. »
« M. le dauphin embrassa l'officier qui commandait la
« compagnie des cent-suisses, et monta à cheval ; ma-
« dame la duchesse de Berry, en demi-costume d'homme,
« avec un certain appareil militaire qui faisait prévoir la
« prise d'armes de la Vendée, monta aussi en voiture,
« suivie de ses enfants, dont le visage gracieux et inquiet
« tour à tour souriait innocemment à leur malheur; le
« roi partit le dernier......... (1) »

A l'un des angles de la grande place de Maintenon, s'é-
lève l'ancienne église paroissiale de Saint-Nicolas, qui a
été enlevée au culte depuis la révolution de 1789. Elle fut
construite, en 1521, sur l'emplacement de l'ancienne église,
par Jean Cottereau, qui y fonda une collégiale composée
d'un doyen, curé de la paroisse, et de six chanoines. C'est
la grande chapelle dont nous avons déjà parlé, et dans laquelle Louis XIV assistait au service divin, de la tribune

---

(1) Duc de Noailles, *Hist. de mad. de Maintenon*, t. II, p. 109 et suiv.

située à l'extrémité de la longue galerie qui la relie au
château. Ce gracieux édifice appartient à cette époque de
la renaissance où les traditions gothiques n'étaient pas
encore oubliées ; son pignon aigu, décoré d'une jolie ro-
sace à compartiments, sa flèche élancée, sa porte à plein
cintre avec une archivolte décorée de rinceaux et de feuil-
lages, s'allient merveilleusement, dans la perspective loin-
taine, aux tours gothiques et à la masse générale du château. L'intérieur, voûté d'arête en ogive avec des nervures
multipliées, est éclairé de fenêtres en ogive à meneaux
élégamment contournés, et le sanctuaire est terminé par
une abside semi-circulaire.

Il est hors de doute que cet édifice, construit si près du
château et si richement doté, n'ait été destiné à recevoir
la dépouille mortelle de son fondateur ; mais, jusqu'à présent, aucun document ne nous a révélé, ni l'époque de
la mort, ni le lieu de la sépulture de Jean Cottereau. Son
petit-fils, Jacques d'Angennes, évêque de Bayeux, fils de
Louis d'Angennes et de Françoise d'O, y fut enterré le
6 juin 1647, âgé de 70 ans. Le 30 décembre de la
même année, on y apporta le cœur de Françoise-Julie de
Rochefort de Salverte, veuve de Charles d'Angennes,
morte en son château de Saint-Gervais, en Auvergne, le
27 octobre précédent ; maintenant, il ne reste plus de
vestiges de ces tombeaux, non plus que de ceux des chanoines qui desservaient cette collégiale. Les révolutions ont
des époques d'erreurs et de barbarie momentanée, pendant
lesquelles l'asile inviolable de la mort même ne peut échap-
per à la main profanatrice des dévastateurs. L'église aussi
fut ravagée et mutilée, et pendant de longues années elle
servit de magasin ; mais le propriétaire actuel, M. le duc de
Noailles, met tous ses soins à la faire complétement restau-
rer. Déjà il a fait rouvrir la tribune qui termine la galerie

de Louis XIV, et cette galerie, peinte et décorée dans le goût du temps, sera destinée aux portraits de famille.

Dans les différentes modifications qu'avait subies le château, l'appartement de madame de Maintenon avait été modernisé, tout en ayant conservé sa distribution et son plan primitifs. M. le duc de Noailles, qui s'était déjà montré l'éloquent historien de cette femme illustre, a voulu rétablir son appartement tel qu'il était de son vivant. Il y est parvenu à force de soins et en s'aidant des anciens plans et inventaires conservés aux archives du château.

Une antichambre tendue de cuir doré, dans laquelle madame de Maintenon dînait, précède la chambre à coucher ; celle-ci est éclairée par deux fenêtres et tendue en étoffe du temps ; le lit se dresse au fond, surmonté d'un ciel et isolé par une balustrade de bois doré. A la ruelle de droite, est un cabinet ouvert, dans lequel se trouvent un bureau et un fauteuil ; à celle de gauche, s'ouvre une porte qui donne accès à un autre grand cabinet ; le portrait de madame de Maintenon et ceux des d'Aubigné complètent la décoration.

Lorsque madame de Maintenon acheta son château, ce n'était qu'une habitation assez triste et en fort mauvais état : elle le répara et lui fit faire quelques améliorations. Elle planta le parc et les jardins. « Le jardin commence à s'ac-« commoder, écrivait-elle à son frère le 6 octobre 1682, les « arbres et les palissades sont assez grands, et sans les « inondations de l'hiver, le potager serait beau....... »

Louis XIV avait résolu d'agrandir et d'embellir cette demeure, mais madame de Maintenon déclina toujours ses libéralités, craignant, disait-elle, les comparaisons, et l'agrandissement se borna à l'adjonction de l'aile dont nous avons déjà parlé. Dans les jardins, les embellissements

consistèrent dans l'établissement d'un parterre, dessiné
par Lenôtre, et dans la construction d'un canal passant
sous l'aqueduc, en face du château, et bordé de deux
grandes allées telles qu'on les voit encore. Un moulin qui
se trouvait sur l'emplacement même de l'aqueduc, fut dé-
placé, et donna le moyen de retenir les eaux qui furent
distribuées en canaux réguliers. Tel qu'il est aujourd'hui,
avec ses souvenirs, ses frais ombrages, ses vertes prairies,
ses trente ponts jetés sur ses nombreux canaux alimentés
par les eaux de deux rivières, le parc de Maintenon est
l'un des plus intéressants qui soient au monde. Mais ce qui
le rend surtout remarquable, ce sont les ruines imposan-
tes de ce gigantesque aqueduc, sur lequel Louis XIV avait
entrepris de faire couler les eaux de l'Eure pour les con-
duire dans les fastueux jardins de Versailles dont les cascades devaient *ne se taire ni jour ni nuit.*

Lorsque la magnificence du grand roi, secondée par le
puissant génie de Lenôtre, eut créé les jardins et les cascades de Versailles tels qu'on les voit aujourd'hui, le besoin de trouver des eaux assez abondantes pour alimenter
les bassins et rendre leurs jets continuels, fit tenter les
plus hardis projets et faire les plus grands progrès à la
science hydraulique et à l'art des nivellements.

Le premier et le plus hardi de tous les projets qui furent proposés, fut celui de Paul Riquet, l'illustre auteur
du canal du Languedoc. Il consistait à amener la Loire à
la hauteur de Satory. Dès le mois de septembre 1674, des
nivellements furent ordonnés par Colbert et exécutés par
l'abbé Picard, le plus grand astronome de son temps. Celui-ci reconnut que le projet de Riquet était possible, mais
les difficultés et les lenteurs de l'exécution firent renoncer
à l'entreprise.

D'un autre côté, l'ingénieur Viviers avait proposé d'amener à Versailles la rivière de Juinne, en la prenant dans la forêt d'Orléans. Les nivellements prouvèrent que ce projet ne pouvait pas s'exécuter. On revint encore au projet de la Loire, à laquelle on aurait fait prendre une nouvelle direction et qu'on aurait amenée dans l'étang de Trappes ; mais le niveau inférieur des grandes plaines de la Beauce était un obstacle insurmontable.

En attendant le résultat de toutes ces études, on avait suppléé en partie à l'insuffisance des eaux de la Bièvre et de l'étang de Clagny, que différents moyens amenaient à Versailles, en profitant des ressources naturelles qu'offrait la position de la ville qui, malgré son élévation, se trouve de tous côtés dominée par des collines. On ferma les gorges étroites par lesquelles s'écoulaient les eaux des plaines de Trappes et de Bois-d'Arcy, et l'on forma ainsi les deux vastes étangs de Bois-d'Arcy et de Saint-Quentin, dont le niveau se trouve plus élevé que le grand réservoir de la grotte de Thétis. Des rigoles creusées de tous côtés amenèrent dans ces étangs l'égout des plaines supérieures et même les eaux des nombreux étangs de la forêt de Rambouillet. Ce sont encore ces beaux travaux qui fournissent à Versailles la plus grande partie de ses eaux.

Colbert avait aussi fait construire, par Swalm Renkin, charpentier liégeois, cette ingénieuse machine de Marly qui élevait les eaux de la Seine à une hauteur de 355 mètres ; mais les eaux fournies par cette machine, étant insuffisantes, furent spécialement affectées au service des jardins de Marly, qu'on venait aussi d'orner de nombreux jets d'eau.

« Cependant, toutes les imaginations continuaient à
« travailler pour procurer des eaux abondantes à Versail-
« les, et M. de Louvois, devenu surintendant des bâti-
« ments après la mort de Colbert (1683), employait de

« tous côtés les géomètres de l'Académie à de grands ni-
« vellements pour cette œuvre importante, destinée à four-
« nir de l'eau non-seulement aux jardins du roi, mais en-
« core à toute la ville.

« En 1684, La Hire nivela la rivière d'Eure qui passe à
« Chartres, et trouva qu'à Pontgouin, à 26 kilomètres nord-
« ouest de cette ville, cette rivière était plus élevée que
« l'étang de Trappes (ou de Saint-Quentin) de 70 pieds
« (23 mètres), que le réservoir de la grotte de 81 pieds
« (27 mètres), et que la cour de marbre de 110 pieds
« (36 mètres).

« Vauban avait été adjoint à La Hire dans ce grand tra-
« vail, par lequel, franchissant plusieurs vallons et coulant
« tantôt à fleur de terre, tantôt sur de hautes levées,
« tantôt sur des arcades de pierre, l'Eure, obéissant au
« commandement d'un puissant roi, devait apporter de
« 25 lieues, à travers les airs, le tribut de ses eaux aux
« magnificences de son palais.... » (1).

Le projet de La Hire et de Vauban « consistait, conti-
« nue M. le duc de Noailles, à s'emparer du cours de
« l'Eure à Pontgouin au moyen d'un vaste barrage en
« maçonnerie qui existe encore, long de 210 mètres et
« haut de 12 à 15 mètres, fermant hermétiquement la val-
« lée d'une montagne à l'autre ; lequel arrêtant et amas-
« sant sur ce point le volume d'eau, augmenté encore par
« les sources de nombreux étangs qui n'existent plus,
« l'aurait forcé à se verser dans un canal creusé à côté de la
« rivière. Des écluses étaient toutefois ménagées dans ce
« barrage pour faire déverser dans la rivière le trop plein
« des eaux.

« Cette eau aurait ainsi coulé, à ciel ouvert, dans un ca-

(1) Duc de Noailles, *Hist. de mad. de Maintenon*, t. II, p. 66 et 68.

« nal long de 40,000 mètres, jusqu'à un point appelé dans
« les plans *le Point-à-Rien de Berchères*, à partir duquel le
« terrain s'affaissant, Vauban avait proposé, à la manière
« simple et puissante des Romains, de porter le canal sur
« un aqueduc de pierre depuis ce point jusqu'à celui
« d'Houdreville, près d'Épernon, où se retrouvait la pente
« naturelle du terrain jusqu'à l'étang de Trappes. Cet
« aqueduc de pierre aurait eu 16,850 mètres, ou plus de
« 4 lieues de longueur (1). »

L'immensité de cette entreprise et les dépenses énormes
auxquelles elle eût entraîné la firent abandonner ; le plan
de Vauban fut modifié de la manière suivante.

« Il fut décidé que, du Point-à-Rien de Berchères, le
« canal serait porté sur une levée de terre longue de 1,284
« mètres, jusqu'à la vallée de ce nom ; que cette vallée,
« longue de 1,000 mètres environ, serait franchie au
« moyen d'un aqueduc de pierre de trois rangs d'arcades ;
« qu'ensuite le canal continuerait à être porté dans la
« plaine sur une levée de terre de 6,000 mètres de lon-
« gueur qui serait venue se raccorder avec l'aqueduc de
« pierre qui devait traverser la vallée de Maintenon, au
« sortir de laquelle l'eau devait continuer à couler sur une
« nouvelle levée jusqu'à l'étang de Trappes. Le long de
« cette dernière partie du canal, on aurait établi, de dis-
« tance en distance, des bassins destinés à être remplis
« pendant l'hiver et à servir de réservoirs pour suppléer
« aux époques de sécheresse pendant lesquelles l'Eure au-
« rait coulé avec moins d'abondance. Le parcours entier
« du canal, depuis Pontgouin jusqu'à l'étang de Trappes,
« aurait été de 110,000 mètres, ou environ 27 lieues ¹⁄₂ (2). »

---

(1) Duc de Noailles, *Histoire de madame de Maintenon*, t. II. p. 70
(2) *Ibid.*, page 72.

Ce plan, une fois arrêté, les travaux commencèrent en 1684. Trente mille ouvriers y furent employés, dont un tiers environ fut composé de maçons et d'ouvriers ordinaires, les deux autres tiers, de soldats que Louis XIV avait l'heureuse idée d'occuper pendant la paix à des travaux utiles pour les tenir en haleine et les préserver des dangers d'une oisiveté stérile. Ces vingt-deux mille soldats formèrent sur toute la ligne des travaux un véritable camp commandé par le marquis d'Uxelles. Vauban dirigeait les travaux de maçonnerie, La Hire était chargé des nivellements et des travaux hydrauliques, et Louvois venait, deux fois par mois, visiter et activer les travaux. Le roi lui-même venait souvent à Maintenon.

« L'entreprise fut si rapidement conduite qu'en moins
« d'un an le canal depuis Pontgouin jusqu'à Berchères fut
« établi, et que, le 25 août 1685, l'Académie s'y transporta
« dans la personne de La Hire, de Cassini, de Sedileau,
« et de plusieurs de ses membres pour assister à l'entrée
« de l'eau dans le canal, qui devait avoir lieu, comme
« épreuve, ce même jour. L'épreuve réussit complétement
« et l'eau arriva sans obstacle de Pontgouin à Berchè-
« res (1). »

Pour accélérer les constructions du grand aqueduc de Maintenon, et faciliter le transport des matériaux qui lui étaient nécessaires, Vauban avait fait exécuter des travaux accessoires non moins importants que l'œuvre elle-même. Il fit creuser deux canaux principaux : l'un, alimenté par la rivière de Voise, long de douze kilomètres, allait jusqu'à la petite ville de Gallardon, où sont situées les belles carrières de pierres de taille et de pierres à chaux de Germonval ; l'autre, long de quatorze kilomètres, allait

______

(1) Duc de Noailles, ouvrage cité, page 74.

jusqu'à Épernon, et servait à en apporter les grès taillés dans les abondantes carrières de ce lieu. De plus, pour suppléer à l'insuffisance de la Voise et entretenir la navigation du canal de Gallardon, il dériva, par une rigole longue de vingt mille mètres, une partie des eaux de l'Eure, au-dessus du village de Saint-Prest. On reconnaît encore les traces (1) de ces canaux et de plusieurs autres, qui furent creusés dans le même but.

Mais le plus gigantesque, le plus remarquable aussi de ces énormes travaux, celui qui, à lui seul, suffirait pour illustrer le roi qui le commanda et les habiles ingénieurs qui furent chargés de l'exécuter, c'est, sans contredit, l'aqueduc qui devait joindre les deux collines entre lesquelles s'étend la vallée de Maintenon. Nous continuons à transcrire les pages que M. le duc de Noailles a consacrées à ce monument :

« Le grand aqueduc qu'on devait y construire en ma-
« çonnerie, sur une longueur d'environ quatre mille six
« cents mètres, devait avoir trois rangs d'arcades au plus
« profond de la vallée. Le premier rang, le seul qui ait
« été construit, est composé de quarante-sept arcades,
« faisant cinq cents toises, ou neuf cent soixante-quinze
« mètres de longueur; chaque arcade a treize mètres d'ou-
« verture (quarante pieds), quatorze mètres soixante centi-
« mètres (quarante-cinq pieds) de profondeur, et vingt-
« cinq mètres (soixante-dix-huit pieds) d'élévation sous la
« voûte, au fond du vallon. Les piles, armées de contre-
« forts d'un mètre quatre-vingt-quinze centimètres de sail-
« lie, ont sept mètres quatre-vingts centimètres (vingt-quatre

---

(1) On creusa en outre deux canaux latéraux à l'aqueduc, comblés dans la suite, qui permettaient d'apporter les matériaux aux ouvriers occupés à la construction.

« pieds) d'épaisseur , et l'élévation totale de ce premier
« étage est de trente mètres ou quatre-vingt-dix pieds.

« Le deuxième rang aurait été composé de cent quatre-
« vingt-quinze arcades, faisant environ quatre mille mè-
« tres de longueur ; les arcades de ce deuxième rang, qui
« auraient surmonté les quarante-sept du premier, auraient
« eu la même largeur et la même profondeur que celle-ci,
« et vingt-sept mètres (quatre-vingt-cinq pieds) d'élévation.

« Le troisième rang devait être composé, sur quatre
« mille six cent quarante-cinq mètres de longueur, de trois
« cent quatre-vingt-dix arcades, ayant seulement quatorze
« mètres trente centimètres (quarante-quatre pieds) d'élé-
« vation, et dont deux auraient répondu, pour la largeur,
« à une du rang au-dessous.

« L'élévation totale de ces trois rangs d'arcades aurait
« atteint soixante-douze mètres ou deux cent seize pieds (1).
« C'est le troisième étage qui aurait porté le canal dans le-
« quel aurait coulé l'eau de la nouvelle rivière ; il devait
« avoir deux mètres quarante-quatre centimètres de large
« par le haut, et deux mètres vingt-huit centimètres par le
« bas, sur une profondeur d'un mètre trente centimètres.
« Les corridors, bordés d'un parapet, devaient avoir un mè-
« tre quatorze centimètres de large de chaque côté du ca-
« nal, qu'on aurait recouvert d'une voûte dans toute sa
« longueur.

« Ce troisième rang d'arcades se serait raccordé, du côté
« de Chartres, par trente-trois arcades simples, avec la le-

---

(1) Le pont du Gard n'a que 148 pieds (49 mètres environ) d'élévation ;
il a aussi trois rangs d'arcades : le premier rang n'est composé que de six
arcades ; le deuxième de onze ; il n'en reste du troisième que trente-sept ;
mais les arches sont d'une hardiesse surprenante et construites d'énormes
pierres sans ciment ; elles ont, au fond du vallon, 77 pieds (25 mètres)
d'ouverture.　　　　　　　　　　(*Note de M. le duc de Noailles.*)

« vée de terre qui devait porter le canal depuis Berchères,
« et qui, au point de raccordement, aurait eu vingt mètres
« quatre-vingts centimètres (soixante pieds) d'élévation ;
« et du côté de Versailles, il se serait raccordé, par vingt
« arcades également simples, avec la levée d'Houdreville,
« qui devait amener l'eau à l'étang de la Tour. Des esca-
« liers à vis, placés dans l'intérieur des contreforts, du pre-
« mier au second étage, et du deuxième au troisième, au-
« raient permis de monter dans toutes les parties du mo-
« nument ; et, par des arcades percées dans les pieds
« droits, on aurait pu le parcourir aux divers étages dans
« toute sa longueur. Les fondations ont cinq mètres de
« profondeur (1). »

L'aqueduc de Maintenon était arrivé au point où nous
le voyons aujourd'hui ; le canal de Pontgouin à Berchères
était terminé, ainsi que la levée de terre qui, du Point-à-
Rien, devait aller rejoindre le vallon de Berchères. L'a-
queduc à triple rang d'arcades, qui devait traverser ce
vallon, n'avait point été commencé ; mais, au delà de ce
vallon, la levée qui devait rejoindre l'aqueduc de Maintenon était fort avancée. La levée qui commençait à Maintenon était presque terminée. Quant à la partie de l'étang
de la Tour jusqu'à Versailles, elle fonctionnait déjà.

Pour accélérer les travaux et diminuer la dépense, qui
était devenue excessive, on modifia les plans primitifs. On
utilisait les travaux commencés, et un vaste système de
tuyaux de fer et de plomb, courbés en siphon, aurait
servi à traverser les vallées, en faisant descendre et remonter l'eau successivement jusqu'à sa destination, sui-
vant cette loi de puissance hydraulique qui force tout li-

---

(1) *Histoire de madame de Maintenon*, tome II, pages 75 et 76.

quide contenu dans un tuyau fermé de remonter à son niveau.

Ces nouveaux plans reçurent un commencement d'exécution; mais ils furent interrompus par la guerre de 1688; et tous les travaux, alors abandonnés, ne furent jamais repris. Quatre années avaient suffi pour exécuter ces immenses ouvrages, dont l'œil du voyageur peut contempler les imposants vestiges, entre Rambouillet et Pontgouin. Dans la plupart de nos campagnes, ces levées et ces tranchées portent encore le nom de *Travaux du Roi*.

Si le grand aqueduc de Maintenon eût été achevé, il eût été le plus beau et le plus étonnant monument de ce genre qui fût au monde; les Romains n'avaient jamais exécuté d'entreprises conçues sur un plan aussi vaste. En le faisant exécuter, Louis XIV ne songeait pas seulement au luxe de son palais; il avait encore en vue les immenses avantages que la ville de Versailles aurait pu tirer de la présence d'une rivière. L'Eure, en effet, après avoir alimenté les jets d'eau et les cascades, aurait subvenu à tous les besoins de la population et de la ville, qui s'accrurent toujours jusqu'à la fin du règne de Louis XVI. Les eaux de la rivière, augmentées de celles des nombreux étangs qui payaient déjà leur tribut au faste du roi, auraient pu former un canal navigable qui aurait été rejoindre la Seine à Mantes. Quels avantages l'industrie et le commerce n'auraient-ils pas retirés d'un tel état de choses? Versailles, au lieu de perdre les deux tiers de sa population par l'abandon de la résidence royale, ne serait-il pas devenu une des villes les plus industrielles de France? La vallée de l'Eure, privée d'une partie de son eau, eût-elle pour cela perdu toute son importance? Le trop plein du canal de Pontgouin, ses nombreux affluents, toutes les sources qui l'avoisinent auraient peut-être pu la rendre aussi industrielle que nous la voyons aujourd'hui.

Quoi qu'il en soit, l'Eure, que depuis le quinzième jusqu'à la fin du dix-huitième siècle (1), aucun projet n'a pu détourner de son cours, coule encore calme et limpide dans son lit naturel et baigne silencieusement les cinquième et sixième arcades de cet aqueduc géant qui devait emprisonner ses eaux. Plus loin, sous la trentième arcade, c'est la petite rivière de Voise. La nature reprend toujours le dessus, et chaque jour le temps fait justice des monuments de la vanité humaine.

Plusieurs historiens, même des mémoires contemporains, ont diversement interprété les causes qui firent cesser les travaux de l'aqueduc. Les uns les attribuent au défaut des nivellements, qui rendirent inutiles les ouvrages commencés ; les autres, aux maladies épidémiques qui décimèrent l'armée. Il est faux que les nivellements aient été mal faits. Ce qui donna lieu à cette erreur, c'est le changement de système dont nous avons parlé, qui fut adopté pour diminuer la dépense et accélérer l'accomplissement de l'œuvre. Il est vrai que deux épidémies sévirent sur l'armée employée aux terrassements : la première en 1686, la seconde en 1688, au moment où les travaux furent interrompus par la guerre ; cette guerre, qui dura dix ans, fut le seul motif de l'interruption. Lorsqu'elle fut achevée, vint la guerre de la succession d'Espagne, qui mit un nouvel obstacle. L'entreprise fut alors entièrement abandonnée.

Cependant, on n'avait pas renoncé à l'accroissement des eaux de Versailles ; on chercha à développer, sur de plus larges bases, le système appliqué aux étangs de Trappes et

---

(1) Il existe encore des lettres patentes de Charles VII relatives à la canalisation de l'Eure ; et Louis XVI voulut reprendre le projet d'amener cette rivière à Versailles.

de Bois-d'Arcy, qui ne retiraient encore l'eau que des deux plaines qui les avoisinent. Déjà, en 1680, Colbert avait chargé Gobert, l'un des intendants des bâtiments du roi, de réunir les eaux de pluie de la plaine de Saclay, comme l'abbé Picard avait fait de celles des plaines de Trappes et de Bois-d'Arcy, et de les amener sur un point culminant du parc de Versailles. Gobert se mit à l'œuvre, réunit les eaux de cette plaine dans des étangs, leur fit, à l'aide d'aqueducs et de siphons, traverser la vallée de la Bièvre et les amena dans les réservoirs qui portent son nom ; mais, inférieur aux étangs de Trappes et de Bois-d'Arcy, ce réservoir ne put alimenter que des jets du second ordre.

« On se décida alors, dit M. le duc de Noailles, à pro
« fiter des divers bassins déjà creusés sur le plateau de
« Rambouillet pour recevoir la réserve des eaux de l'Eure,
« et, par un vaste système de rigoles et d'aqueducs sou
« terrains présentant un développement de plus de cin
« quante lieues, on parvint à recueillir et à transporter à
« Versailles, comme cela se fait encore, les eaux de pluie
« et de fonte de neiges qui tombaient sur une surface de
« 8 à 9 lieues de long sur 3 ou 4 de large ; travaux admi
« rablement conçus et exécutés, qui eurent, en outre, l'a
« vantage d'assainir et de rendre à l'agriculture de vastes
« plaines que les eaux stagnantes lui ôtaient. Ce fut ce
« qu'on appela le système des étangs, qui, en définitive,
« se trouve être le moyen par lequel le parc de Versailles
« fut en possession des eaux dont il jouit encore (1). »

Quand le projet de l'aqueduc eut été abandonné, Louis XIV cessa de venir à Maintenon ; madame de Maintenon elle-même, qui ne quittait pas le roi, cessa d'y aller, et plus tard, d'en être propriétaire. La petite ville perdit

---

(1) *Histoire de madame de Maintenon,* tome II, page 86.

aussitôt ce grand mouvement occasionné par les fréquents séjours de la cour et les troupes de soldats ou d'ouvriers. Elle reprit alors les habitudes calmes et paisibles qu'elle a conservées depuis.

Pour indemniser madame de Maintenon des embarras et des dommages causés dans son domaine par les travaux qu'il y avait entrepris, Louis XIV, comme nous l'avons dit, lui donna la terre de Grogneul, qu'il avait achetée au prix de 350,000 livres. Il lui fit don aussi de l'aqueduc qui traversait son parc, ainsi que des digues, canaux et autres terrains situés dans l'étendue du marquisat, et acquis des deniers royaux pour la confection des travaux. Les traces de ces divers ouvrages ont disparu, il ne reste plus aujourd'hui que l'immense aqueduc, dont l'inébranlable édifice, à l'abri des outrages du temps, n'a encore eu à souffrir que des injures des hommes. Louis XV fut le premier qui y porta le marteau de la démolition pour employer ses matériaux à construire, dans les environs de Dreux, le château de Crécy (1) qu'il donna à madame de Pompadour. Il fit ainsi détruire les trois premières arcades dont il ne reste plus que les piles. Toutes les autres mutilations furent opérées postérieurement ; on brisa plusieurs voûtes, on arracha le revêtement des piles ; mais ces matériaux furent utilisés d'une manière plus morale : ils furent employés en partie à ces nombreux moulins dont la vallée de l'Eure est couverte.

____

(1) Ce château a été démoli pendant la Révolution.

Paris, Imprimerie de Paul Dupont,
rue de Grenelle-St-Honoré,35.